JN439190

바람의 길

바람의 길

박건양 시집

계간문예

| 시인의 말 |

격동의 세월을 살아오면서 시를 쓰는 일은 심호흡을 하는 일이었다. 나는 '시인' 이라기보다는 생활인으로서 시와 함께 살아왔다. 주변에 보이는 것과 삶을 시로 뽑아내는 재미가 아니었다면 내 생은 무의미한 휴지가 되었을지도 모른다.

그러나 언제부턴가 쓴 시가 마음에 안 들어 지웠다 다시 쓰기를 반복하기 시작했다. 그런 작업이 계속될수록 절망과 낙심이 나를 눌렀다. 그런 상태가 계속됐다면 난 낙오자가 되었을지도 모른다. 어느 날 박성배 작가(전 문협 부이사장)와 대화를 하다가 나는 스스로를 치료할 수 있는 단초를 얻었다. 나는 시를 쓰는 즐거움보다는 '다른 사람이 내 시를 어떻게 생각할까' 에 너무 신경을 쓰고 있었음을 깨달은 것이다.

새가 자기 목소리로 노래하고 시냇물이 자기 깊이와 굴곡으로 노래하듯이 나의 삶을 시로 자아내는 일에만 몰두하다 보니 다시 시 쓰는 행복에 젖어들게 되었다. 시집 또한 큰 욕심 없이 나의 시를 '시집' 이라는 상자에 담는 것으로 만족한다. 나에게는 보물상자가 되겠지만…….

이 보물상자를 함께 열어보는 즐거움이, 내가 더욱 용감하게 시를 쓸 수 있는 응원이 되었으면 좋겠다.

2015년 11월

박건양

차례

自序 005

제1부 달그림자

홍시 012
텃밭 013
달그림자 014
난쟁이꽃 015
달 016
할미꽃 017
저녁 노을 018
꽃소식 · 1 019
꽃소식 · 2 020
봄 오는 태백산 021
노을 022
소나무 023
감 024
허수아비 025
소낙비 026
박꽃 027
비 오는 밤 028

제2부 바람의 길

여로旅路 030
세월아! 세월아! 031
마당 032
동행 033
길찾는 밤 034
빈 수레 035
새 날을 위해 036
바람의 길 037
홀로 가는 길 038
외손자 039
허무 040
흔적 041
옷 한 벌은 입고간다 042
강의 노래 043
팔엽화八葉花 044
빈 의자 045
5월의 길손 046

제3부 친구의 길

섬노래 048
주모 049
노원 찬가 050
유년의 고향 하늘 051
거제도의 오늘 052
강릉 가는 길 053
백운대 가는 길 054
오월의 향기 055
포구의 아침 056
친구의 길 057
망월사의 가을 058
추억 059
가을 여행 060
상봉 061
촛불 062
사랑의 빛 063
상원사 가는 길 064

제4부 구름처럼

바라옵니다 066
모기 068
조건 069
구름처럼 070
허상虛像 071
늦가을 072
낙엽 073
살아가는 법 074
불국사 075
하루 076
물거품 077
간이역 078
가을 하늘 079
청자靑瓷 080
명태 황태 081
공상 082
부전자전(시조) 083
초침(시조) 084

제5부 못다 한 이야기

그리움 086
그 날 087
언제 또 보아요 088
마음의 별 089
먼 곳의 님 090
겨울 밤 손님 091
마지막 산행 092
유월의 넋 094
월력 095
천공穿孔 096
진정한 아름다움 097
명약(시조) 098
못다한 이야기(시조) 099

평설 / 박건양 시인의 詩作과 삶 102

1
달그림자

홍시

붉게 익어 달콤한 홍시
누구 입에서나 부드럽게 녹아든다

제 젊은 날을 알기나 할까

푸르고 딱딱하고 떫기까지 해
아무도 가까이 하지 않았다는 것을……

텃밭

가을 텃밭에
마르고 비틀어진 고추와 가지

내 정성이 무색하다

한 자락 텃밭 만들고
얼마나 정성들여 보살폈나

아직 열매의 참 맛도 모르고
뒤안길 서성이는 나그네 되어

어느덧 황혼길 걸어가지만
일궈 놓은 밭에는 무엇이 남았나

눈에 밟히는 남은 일들
가꾸고 다듬기엔 힘겨워지고

쳇바퀴만 도는데
언제쯤 실한 열매

거두어들일 수나 있을까

달그림자

하루해 물러간 자리
어둠이 물들면

잠든 밤 산이 다가와
큰 산이 되어

달그림자 길게 끈
나그네 되어 건네

산처럼 묵묵히
걸어가는 나그네

난쟁이 꽃

돌담 아래 양지 틈 겨울 지낸 난쟁이풀이
풀대 하나 세워 꽃 피우네

세파를 이겨내려 납작 엎드려서도
여기 나도 있노라고 노란 꽃을 피웠구나

담 아래면 어떠하고 벌판이면 어떠리
한 생을 웃으며 살아가는 난쟁이꽃

달

저 달 속에 숨은 그림
마음속에 보이는 것은
티 없이 맑은 눈 때문

저 달이 밝고 둥근 것은
모나지 않은 삶의
본보기이기 때문

저 달이 초승달이 되는 것은
다시 또 둥근 달이 되려고
마음 비워 가는 것

할미꽃

무덤가 할미꽃
무엇을 하려고 허리 굽혀있나
바람결에 허리 펴보려
안타까운 몸부림

거울 속에
그 모습 비추어보았는가
다시 태어나도
그대는 할미꽃인 것을

잊어 버려라
망상의 세월을 잡으려 말고
굽은 허리 그대로
바람 따라 흔들며 살아가라

저녁노을

황금빛 하늘
기러기 날면

호수에 비친
한 장의 사진

그 속에 풍덩
동그라미 속

흩어진 그림
남겨진 노을

꽃 소식 · 1

동토凍土의 사슬 풀고
매화의 꽃향기 잡아타고
미풍이 밀물처럼 밀려오네

산 넘고 물 건너 넘실대더니
내 목에 감겨드는 소식
임의 안부 전하려 바삐 오셨네

겨울의 막바지 설화雪花는 지고
새로운 생기의 새 세상 열리니
임의 웃음 들판에 가득 차겠네

꽃 소식 · 2

남쪽의 동백은
붉은 입술 보였는가

매화의 향기는
가지에 맺혔는가

꽃바람 바쁜 걸음
숨결이 감미롭네

봄 오는 태백산

봄 오는 소리는
어디에서 들리나

한 발 두 발 천제단 올라
입춘立春 마중
향 피우면

싸락눈 잡아타고
하얀 태백산 계곡에
물 장단으로 쏟아지네

노을

해님 자운봉에 걸터앉아
저녁노을 드리울 때
꽃잎은 어디 가고 낙엽만 오락가락
바람은 살며시 창문을 흔든다
창문 열어 손님 맞아
술 한 잔에 젖어볼까

소나무

암벽에 매달렸나
암벽이 붙들렸나

삶의 터 불평 않고
근육 튼튼한
저 소나무

어쩌다
그곳이 안식처 되어
비바람 눈보라도
이웃인 듯 속삭이는

네 모습 보며
나도 불끈 일어선다

감

감꽃 떨어진 가지에
매달린 푸른 열매는
먹지 못하고 뱉어내야 하는
떫음이 있지만
태양 아래 붉은 열매 되어
달콤한 진실을 말하고
하늘 높은 가지에 붉은 점 하나
할아버지가 남겨 놓은 까치밥
세상 인심 그렇게 사는 거라고
감사한 마음을 감으로 남기네

허수아비

황금빛 들판에 서서
낡은 모자 눌러 쓴
외다리 지킴이

모여드는 참새에게
오지 마라 저리 가라
소리소리 쳐보지만

그 소리 지나는 바람에
날아갔는가

팔 벌려 서 있는
허수아비 팔이
참새들의 쉼터가 되었네

소낙비

번쩍 번쩍 하늘에 조명 비추고
우르르 쾅 쾅
광란의 음악회 시작 하네

양철지붕 기와지붕 낙숫물로
우드드득 드르륵
신나게 두들기면

우산 속 나그네는 음악에 빠져
도레미 솔 외며
바지 젖는 줄 모르네

박꽃

못 보면 보고 싶어 애타고
만나면 말 못해 애타고
이리도 저리도 애타서
하늘에 소리쳐 보지만
가슴이 비워진 공허감
이 마음 어디에 전할까

비 오는 밤

벌거숭이 노니는 여름날
석양 노을에 먹구름 덮여

달도 별도 숨어버린 밤
떨어지는 수정알은 지붕을 두드리고

낙수의 장단이 가슴을 울리어
아스라이 떠오는 추억의 그 노래

아직도 식지 않은 열기 속
비 가락에 젖어 잠 못 이루는 밤

2
바람의 길

여로旅路

이 세상에 태어나
이정표里程表도 없는 길
나는 가야만 했다

북풍한설의 갈림길에서
헤매다 머뭇거린
결정決定의 순간에 동행同行자 맞이하고

등짐의 무게가 어깨를 누를 때
두 눈에 맺히는 이슬 달고서
어느 방향으로 가야 하는가

새벽보다 더 짙은 어둠의 품속에서
길 더듬어 가지만
비틀거리다 지친 걸음걸음

또 다시 나선 걸음 어디로 갈거나
인생을 짊어진 지게꾼 하루하루
품삯도 없이 과거過去만 지고 가네

세월아! 세월아!

보이지 않으니 잡지도 못하고
가는 길 방향도 가늠이 안 되고
숨차게 뛰지도 쉬지도 못하며
묵묵히 가는 길 막을 수 없구나

가는 님 잡지도 못해서 보내고
뒷모습 그리워 눈시울 붉히며
약속한 세월을 탓하면 무엇해
쉴 줄도 놀지도 못하는 못난이

세월은 물속에 누워서 있지만
인간은 아우성 속에의 삶이고
무심한 세월은 어디로 가는가
누구도 그 길을 바꾸지 못하리

바람이 불어와 밀리어 가는가
파도가 밀려와 떠밀려 가는가
못 다한 일거리 쌓여만 가는데
무심한 세월은 흘러만 가누나

세월아! 세월아!

마당

줄 하나에 매달리어
바위를 타고 넘고

기쁨 슬픔 함께하는
너와 나의 길

편한 길 험한 길
무슨 상관이랴

너와 나의 삶이
마당인 것을……

동행

기어 다니다 일어서서 두 발로 걸어
어떻게 예까지 왔는가
아웅다웅 삶의 전쟁 속을 헤매다

문득 뒤돌아보니 잊힌 세월인가
아무것도 보이지 않네

녹슬고 닳아버린 뼈마디로
삐걱대며 걷는데
좋다 싫다 말없이
내 곁을 지키는
지팡이

길 찾는 밤

어둠 속 빛을 찾는 길 잃은 나그네
떠돌다, 떠돌다 지쳐버린 밤

눈을 감아도 눈을 떠보아도 보이는 것은
깜깜한 허공을 날아다니는 허상

깜빡깜빡 수면의 시간에도 벽돌을
쌓았다 허물기를 반복하는 밤

헤매다 헤매다 돌아앉아
한 편의 시를 찾아가는 밤

빈수레

흘러가는 세월보다 앞서가는 나그네
마음은 언제나 그 시절에 있건만
물드는 백발에 마디 마다 삐걱대누나

서산마루 넘는 해 잡으려 해도
잡을 수 없고 솟는 해 가려보아도
일상의 하루는 다시 시작된다

비바람 피하고 광풍 이는 파도를 넘어
지금까지 함께 한 친구들은
하나 둘 고향 찾아 떠나가누나

미련 후회 다 버린 빈 수레 타고

새 날을 위해

석양의 그림자 지워지는 시간
눈앞의 거리는 희미한 불빛

그 불빛도 하나둘 꺼져 가고
인적 없는 정류장에 잠깐 쉬었다

어둠 속을 달려가는 막차가
시간을 지나 도착한 그곳

종착지의 불빛을 안으면
새 날의 첫차는 또 출발 하겠지

바람의 길

바람 불면 꽃잎이, 빗방울이 날린다
바람 불면 낙엽이, 눈이 날린다
바람 불면 구름 물결이 밀려오고
풍차가 돌아간다
나무가 춤을 춘다

지나는 길
창문도 만국기도 흔들고
들국화의 고운 꽃잎도 흔들면서
돌고 또 돌아간다

어디서 시작하고 어디가 끝인지
보이지도 잡히지도 않는데
가다가 막히면 돌아서간다

위 아래 옆
어느 쪽이든

홀로 가는 길

구름 따라 바람 따라
산 넘지 않고

냇물 따라 강물 따라
수평선 넘지 않고

먹구름 장대비에
비켜서 기다리고

강풍에 휘말려도
떠밀리지 않고

세상과 소통하리
하늘 아래 우뚝 서서

외손자

십일 년 전 두 달 아기
할머니 품에 안긴 보석

오줌 쌌다 배고프다 불편하다 아프다
울음보로 말했었지

어언 세월 초등 오 년
이제는 컸다며
고집도 부리고

언제인가 거짓말에
혼낸 적도 있었지

너의 집에 가라 해도 안 간다고
못 간다고 우기는 녀석

오라 해도 눈치 보며 다 가는데
못 간다고 우기는 녀석

못 간다고 우기는 녀석

허무

청정풍에 시름 날려
청정수에 마음 씻고

욕심 없는 세상 가고 싶어
허공 속에 유영하며

보이는 듯 안 보이는
그곳 찾아 맴돌고

가시밭길 방황 세월
마음 비워 가려 하니

어디선가 들려오는
만물들의 세상 노래

흔적

구겨진 시간을 펴보려고
뜨거워진 다리미로 다려보지만
시간 속 어디에도
지워지지 않는 흔적들
느끼지도 못하고
매번 다음을 기약하며
내내 그렇게 지나온 나날
나머지 시간은 구김살 없는
곧은길을 만들어 가리라
맹세하고 돌아보니
가는
길만 바쁘구나

옷 한 벌은 입고간다

태어날 때 알몸으로
세상으로 튕겨져 나와
부모님의 보살핌에
겨우 겨우 뿌리 내려

세상 풍파 견뎌내는
인내심과 싸움이라
성장하여 결혼하니
자식 걱정 하게 되고

반평생을 넘어서니
어느 새에 반백 되고
아웅다웅 삶의 세상
정리하고 가려 하니

돌아보는 여유부리나
인생무상 성적표라
옷 한 벌은 입고 가니
빈털터리는 아니로세

강의 노래

잔잔한 강물에 빠져 버린 달
그 위로 바람은 놀자고 하는데
물고기 잠꼬대에 일렁이는 물결

달을 찾는 별들 반짝이지만
그 눈망울에 빛나는 불빛은
유성 되어 흐르고

오늘도 흘러만 가는 밤
잔잔한 흐름 위로
밤안개가 포근히 덮어주면

바람결에 들리는 풀벌레의 자장노래에
강물도 잠이 든다

팔엽화八葉花

여덟 꽃잎들은 하늘 향하고
가녀린 꽃줄기는 한들 춤춘다

바람이 바뀐다고 소식 전하려
삼색의 단장으로 방긋 미소로

오가는 길손에게 목례 하는 듯
청순한 그 자태로 마음 훔친다

드높은 하늘 아래 화려함으로
길가에 끝이 없이 열 지어 서서

빈 의자

시간의 안개 걷힌 자리에
남아있는 빈 의자
공원을 지키던 노인들은
발길 돌려 떠나가고
찬 공기만이 내려앉는 빈 의자
나의 삶의 무게를 견디던
나의 의자는
내가 일어서자
빈 의자로 남았다

안개 자욱한 거리를
홀로 걷는 내내
내 빈 의자는
흠뻑 젖어 흐느끼고 있다

오월의 길손

동토의 나라 유랑하던 나그네
산천을 아름답게 꾸며놓은
거대한 정원을 걸어가네

푸른 오월의 하늘 아래
라일락 꽃향기 교태를 부리며
나그네 발걸음 붙잡지만

오월의 눈부심은 눈요김으로
빼앗긴 마음 다시 추스르면서
유월의 신록을 향하는 나그네

3
친구의 길

섬노래

검은 물결 눈썹 위에
출렁이는 별들
섬바다에 황금빛 가득 담은
갈매기의 날갯짓
빛나는 별 하나 둘
파도에 뛰어들면
바다와 하늘 함께 하는 시간
개펄 위에 놀던 발자국도
검은 파도가 쓸어버리면
내일은 또 어떤 그림 그려질 것인가 !

주모

사립문 열어놓은 주모
외로움 달래러
찾아드는 객과

막걸리 술잔에 시름 달래며
가슴 속 묻어나는 정으로
꼭 잡은 손마디 휘어버린 세월

푹 패인 술상마저 정겹던 그 시절
정으로 맞이하던 주모의 얼굴
지금도 술잔 속에 아롱거리는 미소

노원 찬가

솟는 태양 불암산 올라
아침 빛 밝혀주면
마주한 수락의 정기서린
상봉이 중랑천에 제 모습 비춘다
공원마당 활기 넘치는 건강
갈대 길 물길 따라
물고기도
여유롭게 살아가는 곳
서울의 새벽이
예서부터 번져간다

유년의 고향 하늘

강원도 고성군 서면 백천교리 35번지
금강산의 유명사찰 유점사 있는 곳
지금도 이 주소지가 있을지 모르지만
귀에는 그 곳 풍경소리 쟁쟁하다

상상하며 그리다 고희古稀를 훌쩍 넘어
가물가물 사라져가는 기억 저편
유년의 웃음소리 퇴적물마냥 엉켜있을까
미물도 마지막엔 고향 찾아 간다는데
발 동동 굴러도 사람만은 예외구나

세계 방방곡곡 못 갈 곳 없는데
아침나절 산책길이면 넉넉히 갈 길을
철조망 앞에서 무너져 내리는 그리움
옛 이야기 그려보며 안부 묻는 눈길에
고향 쪽 하늘만 장석처럼 서있네

거제도의 오늘

유배된 삶으로 서글펐던 그곳
옛일은 멀리 잊힌 거리에
지금은 활기찬 힘이 흐른다

전쟁포로 수용소 자리에는
빌딩 숲속 한 가닥
남겨진 수용소 유적공원

섬이었던 그 곳
육지와 연결된 다리 지나면
거대한 조선소가 자리하고

산방산 자락에 잠들은 청마
생가를 휘감는 바람 타고
노스탈자 깃발이 출항을 알리네

강릉 가는 길

대관령 높다 한들 하늘 아래인데
개나리 봇짐 지고 넘던 그 길 간 데 없고
산허리 굽이굽이 돌아 경포호 가는 길에

"허난설헌" 생가터 그대로 있건만,
다섯 개의 달이 떠 있던 호수의
옛 정취는 간 데 없고
뜨내기 나그네만 오가는 그곳에
초당두부 옛맛은 그대로 인지

백운대 가는 길

앞을 보니 인수봉에
뒤를 보니 백운대라

키재기 하려 서 있느냐
숨소리 정상 먼저간다

한 걸음 떼기 힘겹구나
이 길만이 힘드는가
인생길이 그런 거지

여기저기 숨찬 소리
기진맥진 할 즈음에
인생걸음 정상이라

오월의 향기

비탈진 언덕 위에
꽃향기 가득한 길
하얀 밥풀 달고서
줄지어 늘어서서
꿀벌과의 만남을
향기로 말하더니

꽃비가 되어 내리는 날
흠뻑 젖은 모습으로
축축하게 물먹은 향기는
아련한 추억 되어 날린다
꽃바람 속으로

포구의 아침

수평선 끝자락 붉끈 솟는 불덩이
물 끓이며 시작하는 여명黎溟의 시간
하루 위해 가슴 열어 제친다

황금빛 가득 담은 저 포구에
만선 깃발 날리며 돌아오는 배
밤새운 아낙들의 웃음소리가
물결 위에 햇살로 반짝이네

친구의 길

그 길은 변해 있었네
찾을 수 없이 되어버린 그 길

흐르는 세월 속에
젊음의 발자취마저 희미한데

세월의 훈장인 양 주름진 얼굴로
손잡고 흔들며 웃을 수 있는

그들은 어느 길에 머무는가

망월사의 가을

도봉산 한 자락에
망월사 자리한 지 오래고
하늘만 보이는 숲 속에
돌길이 층층인데
은은한 달빛, 반짝이는 별 아래
단풍 깊은 계곡엔
가을 소리 가득 하고나

추억

폭우 쏟아지던 날
하늘도 소리치던 날
번쩍이는 빛 따라 지난 일들이
쏟아져 내린다

구름 속에 남은 추억 있으려나
그 구름 멀리 가기 전에
불 밝히고 소리치며
먹구름 속을 헤매네

가을 여행

높고 맑은 하늘에 흰구름 흐르고
코스모스 들국화 물결치듯 춤추는데

가까이 멀리 지나는 길손
꽃잎과 속삭이며 바쁜 걸음

밤새워 찾아온 하얀 서리에
둥근 얼굴 해바라기 서 있기도 힘겨운가

단풍여행 끝나가는 걸음은
계절의 향기만 간직하고

못다 그린 수채화 그림 속으로

상봉

얼굴 한 번 보는데 몇십 년
언제 또 보아요

부모에게 형제에게 자식에게
물어보고 푸념해도

기약 없는 이별의 갈림길에
발길은 뒤돌아 제자리 걸음

눈물 속 탄식은 하늘에 맴돌고
우리의 만남은 언제 또다시

촛불

제 몸 태우며 어두움 밝히는 밤
눈물 방울방울 온몸으로 받아
불꽃으로 사르오며

옛 이야기 불빛에 묻어두고
허공 속 멀리멀리 흔적 없이
흩날리네

사랑의 빛

도봉산에 해 넘으니
불암산에 둥근 달이
이번에도 어김없이
보름달이 떠오르네!
둥근달에 소원빌기
너도나도 소원빌기
자손들의 명복 비는
부모 마음 아는 듯이
둥근달이 웃음으로
비는 마음 감싸주네

상원사 가는 길

천년고찰 찾아가는
험준한 길에서니
상원사를 품은 치악산이
계곡물에 발 담그고
가슴에 맥박처럼
목탁 소리로 날 반기네

4
구름처럼

바라옵니다

웃는 얼굴 그 뒤가
달콤한 한 마디 그 뒤가

이 시간에도 소식은
전파 타고 흐르는데

한숨 쉬는, 민民은
고달픈 하루하루

민 위합네 고마운 말도
구호에 그친 약속되고

달콤하게 공개한 약속도
공약空約으로 흐르고

파벌의 싸움은 역사 속
이야기가 아니었나

민의 눈과 귀 막아보려

안타까운 몸부림

민의 눈에는 모두 모두
잘 보이고 잘 들리는데

어찌 당신들만 모르시나
모르는 척 하시는지

민의 외침에 귀 열고
정도로 행하옵기를

바라옵니다

모기

먹어야 사는 것은 동식물의
생존 법칙이지만
먹고 먹히는 생활 속에도
제 이속만 챙기고 도망가는 놈
한여름 더욱 기승부린다
제가 무슨 폭격기 인양
싸이렌 울리며 달려들어
빨대로 피 뽑아먹고 도망가지만
잔뜩 먹은 피 무게에 못이겨
매 한 대에
생을 마치기도 한다

조건

파 뿌리에 먹칠하고 몇 년을 보상받고
고랑을 메웠다고 청춘을 잡았나

앞산을 세웠다고 무엇이 높아지며
호수 위 일자 도랑 없으면 안 되는지

입구를 깎은 조각 흩어지지만
마음은 그래도 미완성이라

여기저기 고치고 또 고쳐보아도
정성 들인 페인팅 물방울 흩날리네

구름처럼

도봉산 올라 멀리 본다
빌딩 숲 벗어나면 아파트 숲 보이고,
참과 거짓이 공존하는 그 곳

자신의 꿈을 향해 가는 사람
자기만의 이익을 추구하는 사람
지난 세월 좋았다고 생각하는 사람
지난 삶이 힘들었다고 생각하는 사람

각자의 생각 속에 세상은
그렇게 그렇게 흘러간다
오늘도 내일도

허상虛像

공간 속 점 하나 점 둘
그 점들 모여 모여 우주가 되고
생겨난 욕심의 공간
더하려 밀고 당겨 다툼이 되고
새로 오고 떠나가는 그 점들
세상모를 바람 속으로
날아가 버리는 것을……

늦가을

서산 해 걸음 기러기 날아
가을 소식 전하더니

지난 밤 된 서리에
강물도 차가워지고

산자락 나무들은
벗은 가지 이고
맨몸으로 떨고 있네

낙엽

가을바람에 흔들리는
나그네

마음 둘 곳 없어
바람 따라 가네

푸르던 여름 날은
빛바랜 추억

바스락거리며 가는 뒷모습이
바람처럼 자유롭네

살아가는 법

먹구름 상봉을 맴돌고
천둥소리 하늘 위에 소리치면

계곡의 물소리 높아지고
벌거벗은 물고기는 피난처 찾는데

벼랑 위의 노송은 비바람과 씨름 한 판
이저런 소리에 세상이 소란하네

불국사

불국사의 목탁소리
석가탑을 돌고 돌아

치성 드리는 여인의
가슴 속 파고든다

탑은 제 자리에
세월을 말하지만

속세의 대물림은
끝없이 이어지고

오늘도 처마 끝에
기도 소리 맴도네

하루

석양 노을 서산마루에서 뒤돌아보니
황금 바다에 집 찾는 갈매기
구름 속에 누워 꿈속으로 들면
동산 마루에 반짝이는 별
그 사이로 초승달도 떠있네

물거품

마음 속 한 곳에 쪼그려 앉아
지난 세월 그려본다

그 화려함 묻고
둥지 떠나 날아버린 새 같이

빈 둥지에 남겨진 옛이야기는
안개속 헤매다 돌아온 과거

돌고 도는 바람 같은 세상
해와 달은 뜨고 지고

간이역

기적 소리만 남기고
지나가는 그 열차
간이역 역장만이
기를 흔든다
그 옛날 소풍 가던 추억의 그 시절
왁자지껄 귓가에
들리는 듯 하건만
텅 빈 정거장엔 찾는 발길
없구나!
지나간 열차엔 바람만
따라가고
텅 빈 가슴 그 역장
하루 해를 보낸다

가을 하늘

흰 구름 떠다가
하얀 마음 만들까
파란 하늘 길어다
푸른 마음 만들까
이도 저도 아니면
마음만 젖어볼까

올해도 어김없이
가을은 찾아오고
해마다 꾸는 꿈은
하늘처럼 펼쳤는데
인생길 구름처럼 흘러
잡히는 건 낙엽뿐이네

청자青瓷

천둥 번개로 다듬은 여름
말간 가을 하늘
빚었다

철새 날고
단풍 곱고
귀뚜라미 소리 맑게
새겨졌다

흐르는 세월이
푸르스름하게
입혀졌다

명태 황태

명태가 바다에서 육지로 오는 날
생태가 되고 건조대에
코 꿰어 매달리면 코다리 되고
장작같이 바짝 마르면 북어가 되고……

한겨울에 꽁꽁 얼면 동태가 되고
덕장에 매달린 채 한겨울 나면
황태가 되어
조상님 젯상 위에 올라있지만,

어느 이름이 제 이름인지 알기는 할까

공상

오는 비에 마음 씻어내고
온갖 시름 바람에 날려버리고

가시밭길 험한 길 다 버리고
날아가고 싶다 꿈의 낙원으로

부전자전

어느 날 외출하려 정장 입은 모습으로
안경에 모자 쓰고 거울 앞에 서서 보니
내 모습 세월에 가려 아버님을 뵈옵네

초침

초침은 한 순간도 더디 가는 법이 없어
수평선 해가 솟아 산 너머로 사라지고
흑발도 가는 세월에 백발이 되었네

5
못다 한 이야기

그리움

텅 빈 가슴속 호수 생기면
작은 섬 하나 안개 속에 있네
보일 듯 말 듯 희미한 얼굴
반가움에 마음은 달려가지만
작은 섬 노 저어갈 배가 없네

그 날

어머니 품에서 떨어져
세상에 동참 했노라 소리치던 그 날
매년 그 때 쯤에는 언제나 뼈마디가
아프다고 힘들어하시더니
어머니
석관 속에 누어서도
아직 그 아픔을 느끼시나요
나는 매년 그날을 맞이하는데

언제 또 보아요

주름진 얼굴 위로 흐르는 눈물
옛 모습 찾으려 눈 크게 떠보아도
세월의 흔적만 희미한데

눈물이 앞을 가린 만남은 여기 저기
한숨과 탄식 소리
며칠이면 온다던 그 길이

얼굴 한 번 보는데 육십 년 세월
삼 일의 만남으로 이별의 시간
못다 한 말 태산 같은데

언제 다시 볼까 이제 헤어지면
살아생전 다시 볼 지 기약 없는
이별이 안타까워라

하늘의 저 새는 마음대로 오가는데
분단이란 단어가 길을 막았네
만나야 할 핏줄은 아직 끝을 모르는데

마음의 별

네 이름 별이지만
이름마저 가물거리고

네가 떠난 그 자리엔
그대로의 모습인데

여기저기 얽힌 사슬
고난 고통 세월 속에

인연이란 매듭 속
아련한 추억

너를 향한 외로움에
오늘도 별 찾아 헤맨다

먼 곳의 님

너무 멀리서 반짝이는 눈
너는 별이지만

어쩌면 눈 이슬의 매듭인가
가슴속 빈자리 허공에 맴돌고

사랑 찾는 마음은
별을 찾는 마음이라

나를 두고 떠나간 너
눈물의 별이지만

어둠을 밝혀주는 온 세상의
빛이 되어
모두의 별이 되소서

겨울 밤 손님

긴긴 밤 잠 못 이루고
동창마저 깜깜한데
까만 밤에 바람 타고
사뿐사뿐 오시는 손님
잠 깨울까 걱정되어
소리 없이 오시는가
불 꺼진 창가에도
앞산의 나뭇가지에도
온 세상 덮는 하얀 손님
속세의 추한 모습 가리는
배려 깊은 손님
오시는 밤

마지막 산행

세상에 태어나서
타향 길에 만난 친구여
다툼도 오해도
술 한 잔으로 털어냈지
언제까지 함께하며
술과 인생 즐기자더니
먼저 간다고 먼저 간다고
무엇이 급하기에
먼저 가느냐고 먼저 가느냐고
물어도 물어도
눈을 감았구나
그 길이 깨끗하던가, 훤히 밝기만 하던가
아니면 꽃길이던가 캄캄하기만 하던가
불러도 불러도
대답 없는 친구여
먼저 가면 안부라도 전하려느냐
세상 허물 벗지 못해
눈시울만 뜨겁구나
가야만 하는가 보내야만 하는가

운길산 사진 한 장
옛 추억만 그립구나

유월의 넋

우리의 유월은 지워지지 않는 상처로 얼룩지고
꽃 같은 청춘을 나라 위해 목숨 바친 임이시여
후손의 가슴 깊이 한이 맺힌 유월의 넋이여

묘역의 붉은 장미는 그대들의 피끓는 심장 소리로
남아있는 듯
하지만 돌아올 수 없는 자식이며 지아비이며 형제인 것을

호국의 영령들이시여 당신들의 희생이 있어
지켜진 이 나라의 놀라운 변화에
후손들도 화들짝 놀라나이다

유월의 넋이
붉은 장미로 가득 피어나는
묘역 길에
후손들이 사랑을 속삭이나이다

월력

항상 아쉬움 남기고
유월은 또 그렇게 넘는데
담장엔 붉은 장미마저 스러지고

산자락의 밤꽃은 꽃구경하는 이 없는데
꿀벌만이 반가이 인사하누나

산속의 뻐꾸기 임을 찾는 소리는
이 산 저 산에 메아리 만들고

솔내음 향기속 세월의 월력은
또 한 장 넘어간다
세상사 그렇게 넘고 넘어

천공穿孔

소리치며 내리는 비
하늘에 구멍 났나
남북으로 왔다 갔다
내리는 장대비에
강둑이 터지니
집안은 물바다
산과 길은 무너지고
농작물 헤엄친다

지구가 몸살 앓아
뻥 뚫린 구멍
지붕 뚫려 물 새듯이
지구가 새네
나 몰라라 온난화
부추기는 사람들도
가슴 한 구석 뻥 뚫린 걸
서로 모른 체하네

진정한 아름다움

그대 어떤 향수로 감싸도
꽃향기만 할까

그대 어떤 보석으로 꾸며도
꽃만 할까

꽃은
감싸고 꾸미지 않을 뿐

그대의 진정한 아름다움은
아침 민낯에 있나니

명약

가는 님 보내놓고 그리움 병이 되어
보름달 줄어들 듯 닳아지며 지난 날들
세월이 명약이라고 그 누구가 말했나

못다 한 이야기

무엇이 바쁘다고 먼저 떠난 내 친구야
술잔을 비우며 이야기 하고픈데
못다 한 잔 속 남은 이야기 가슴 속에 남았네

평설

박건양 시인의 詩作과 삶

박 성 배(동화 · 동시 작가)

1

박건양 시인이 시집을 낼 준비가 다 되었을 때 시 해설을 쓸 시인이나 평자를 소개해 주겠다고 제안했다. 박건양 시인은 특유의 장난기 섞인 웃음을 지으며(결코 장난으로 말하는 것은 아니지만) "꼭 그렇게 해야 되나요" 했다. 난 그 웃음과 말에서 고슴도치 새끼를 사랑하는 암컷고슴도치를 떠올렸다. 즐거움을 가지고 열심히 쓴 시이기는 하지만 다른 사람의 손에서는 새끼고슴도치의 신세가 될 수도 있다는 두려움도 있는 것이다. 박건양 시인은 시집 뒤에 들어갈 글을 나에게 부탁했다. 선뜻 응하기가 쉽지 않았다. 시도 쓰고는 있지만 시와 동화를 주로 쓰면서 평론이나 시로 등단하지는 않았기 때문이다. 그러나 사람을 모르고 시만 다루는 것보다는 시와 함께 그 시를 쓴 시인을 잘 아는 사람이 써 주는 게 좋겠다는 말에 고개를 끄덕이고 말았다.

2

박건양 시인은 요란스럽거나 형식적인 것을 피한다. 박건양 시인이 나에게 글 하나 써 달라고 한 것도 형식이나 규칙에서 자유로워지고 싶다는 몸짓이다. 물론 그런 해탈의 경지가 젊어서부터 몸에 밴 것은 아니었다.

> 제 젊은 날을 알기나 할까
>
> 푸르고 딱딱하고 떫기까지 해
> 아무도 가까이 하지 않았다는 것을……
>
> —「홍시」 일부

박건양 시인은 젊은 날의 자신을 '푸르고 딱딱하고 떫기까지 해' 라고 고백하고 있다. 그러나 7순이 넘는 세월을 지내면서 붉게 익어 달콤한 홍시처럼 누구 입에서나 부드럽게 녹아드는 사람으로 바뀌졌음을 표현하고 있다. 그를 가깝게 대하는 사람들은 이를 인정하고 있다.

천둥 번개로 다듬은 여름
말간 가을 하늘
빚었다

철새 날고
단풍 곱고
귀뚜라미 소리 맑게
새겨졌다

흐르는 세월이
푸르스름하게
입혀졌네

—「청자靑瓷」 전문

박건양 시인은 「청자靑瓷」에서도 천둥 번개로 다듬은 여름날이 있어서 푸르스름한 세월을 입혔다고 회상하고 있다. 세상살이를 한 사람이면 누구나 자기 삶을 돌아보며 소설 한 권은 쓰고도 남는다고 말하곤 한다. 박건양 시인은 스스로를 배움도 짧은 사람이라며 낮춘다. 그렇게 말하는 그의 얼굴 표정에서는 참 다사다난한 세월을 살았음을 읽을 수 있다. 계곡에서 달려온 물이 폭포가 되어 떨어지고 거친 강을 달려 바다에 닿을 즈음엔 여유롭게 시조 한 수 읊는 한가로운 선비가 된다. 박건양 시인은 그런 변화를 떫은 감이 달콤한 홍시가 되고, 흐르는 세월이 푸르스름한 세월을 입혔다고 노래했다. 그런데 마음만 먹는다고 되는 일이 아니다. 박건양 시인은 자신이 어떻게 홍시가 되었는가를 말하고 있다.

> 시간의 안개 걷힌 자리에
> 남아있는 빈 의자
> 공원을 지키던 노인들은
> 발길 돌려 떠나가고
> 찬 공기만이 내려앉는 빈 의자
> 나의 삶의 무게를 견디던
> 나의 의자는
> 내가 일어서자
> 빈 의자로 남았다
>
> 안개 자욱한 거리를
> 홀로 걷는 내내
> 내 빈 의자는

흠뻑 젖어 흐느끼고 있다

—「빈 의자」 전문

그건 바로 스스로가 '빈 의자' 가 되는 철학을 갖는 일이다. 젊은 시절의 천둥과 번개, 또는 딱딱하고 떫음은 자기 의자를 고수하려는 싸움 때문이다. 의자는 욕망이고 욕심이다. 자기 과시이며 고집이다. 〈공원을 지키던 노인들은/발길 돌려 떠나가고/찬 공기만이 내려앉는 빈 의자/나의 삶의 무게를 견디던/나의 의자는/내가 일어서자/빈 의자로 남았다〉 그렇다. 시인은삶의 무게로 누르던 의자에서 일어났을 때 남의 부담이 되었던 떫은 자신을 홍시로 바꾸는 일이라는 깨달음을 시적 감정세계로 삼은 것이다.

3

박건양 시인은 유머감각이 뛰어나다. 더 적절히 표현하면 유머감각이 생활화되어있다. 경우에 따라서는 진지한 말을 싱겁게 받아넘긴다고 오해를 받을 정도이다. 장난기가 잔뜩 밴 아이처럼 그의 얼굴 표정은 웃을 일을 찾고 있다. 심각한 말도 그와 대화하다보면 별로 심각한 일이 아닌 것으로 흘러가 버린다. 세상의 모든 일은 '편하게 생각하자' 는 주의이다. 그를

만나면 웃을 일이 생긴다.

돌담 아래 양지 틈 겨울 지낸 난쟁이풀이
풀대 하나 세워 꽃 피우네

세파를 이겨내려 납작 엎드려서도
여기 나도 있노라고 노란 꽃을 피웠구나

담 아래면 어떠하고 벌판이면 어떠리

한 생을 웃으며 살아가는 난쟁이꽃

—「난쟁이 꽃」 전문

돌담 아래에서 세파를 이겨내느라 납작 엎드려서도 웃음을 잃지 말자고 한다. 담 아래면 어떠 하고 벌판이면 어떠냐는 것이 그의 평소의 말투이다.

잊어 버려라
망상의 세월을 잡으려 말고
굽은 허리 그대로
바람 따라 흔들며 살아가라

—「할미꽃」 일부

할미꽃에게도 굽은 허리 그대로면 어떠냐며 바람 따라 흔들며 살아가라고 한다. 그러다보니 진지한 면이 없는 것처럼 오해를 받을 수도 있다. 툭툭 던지는 유머가 남의 이야기를 가볍게 듣는 것으로도 오해받기도 한다. 살기 힘들다고 이야기하고, 삶이 고달프다고 하소연하고, 심각한 아픔을 겪고 있다고 토로했을 때 박건양 시인은 농담을 툭 던지기도 한다. 그런데 그 농담 한 마디가 분위기를 반전시킨다. 힘들고 고달프고 아픈 게 현상이 아니라 현상인 것처럼 보는 사람에게 문제가 있음을 일깨워준다. 박건양 시인의 이러한 유머감각은 실은 시인 자신의 무거운 삶을 비껴나가는 한 방법인 것이다.

바람 불면 꽃잎이, 빗방울이 날린다.
바람 불면 낙엽이, 눈이 날린다,
바람 불면 구름 물결이 밀려오고
풍차가 돌아간다
나무가 춤을 춘다

지나는 길
창문도 만국기도 흔들고
들국화의 고운 꽃잎도 흔들면서
돌고 또 돌아간다

어디서 시작하고 어디가 끝인지
보이지도 잡히지도 않는데
가다가 막히면 돌아서간다

위아래 옆
어느 쪽이든

—「바람의 길」 전문

가다가 막히면 위 아래 옆 어느 쪽이든 돌아서가는 슬기, 그것이 바로 그의 유머감각인 것이다.

4

박건양 시인이 요란스럽거나 형식적인 것을 피하는 것이나 유머감각이 뛰어난 것은 그가 운명론자라는 것과 맥을 같이 한다. 운명론자運命論者라고 하니까 거창한 느낌이 드는데 너무 조마조마하게 살지 말자는 그의 평범한 주장이 그렇게 비칠 뿐이다. 어느 날 문인 셋이 모여 식사를 하면서 유전에 대한 두려움, 세상이 하도 수상하여 엉뚱하게 죽는 사람들도 많다는 등의 대화가 있었는데 박건양 시인은 살고 죽는 것에 대해

서 너무 신경을 쓰지 말라며 죽는 거도 다 운명이라고 이런저런 예를 들며 이야기했다. 그 중에 하나가 점술사의 죽음에 대한 이야기였다. 용한 점술사가 자기 죽을 날을 미리 알고 이를 예방하기 위하여 밖에 나가지 않고 집에 꼼짝 않고 있었다. 그런데 왕이 부른다고 했다. 왕이 부른다니 안 나갈 수도 없었다. 왕은 점술사가 용하다는데 사실인지 알아보자며 상자 안에 쥐가 몇 마리 있는지 알아 맞춰보라고 했다. 점술사는 10마리라고 답했다. 상자 안에는 1마리의 쥐가 있었다. 왕은 용하다고 소문난 점술사를 처형하고 상자 안의 쥐를 해부해 보니 뱃속에서 새끼 9마리가 나왔다. 왕의 문제를 정확히 맞췄으나 점술사의 운명은 그것과 상관없이 그날 죽게 되어 있었다는 얘기다. 이미 다 알고 있는 이야기지만 박건양 시인은 모든 것을 운명에 맡기고 마음 편하게 살아야 한다고 거듭거듭 강조했다.

줄 하나에 매달리어
바위를 타고 넘고

기쁨 슬픔 함께하는
너와 나의 길

편한 길 험한 길
무슨 상관이랴

너와 나의 삶이
마당인 것을……

—「마당」 전문

줄 하나에 매달려 사는 삶이지만 편한 길 험한 길 상관이 없이 삶 자체가 마당이라고 노래한다. 시인이 말하는 삶의 마당은 바로 운명이다. 박건양 시인의 운명론은 내가 아무리 해봤자 운명이 따로 있으니 해 보나 마나라는 것이 아니다.

암벽에 매달렸나
암벽이 붙들렸나

삶의 터 불평 않고
근육 튼튼한
저 소나무

어쩌다
그곳이 안식처 되어
비바람 눈보라도
이웃인 듯 속삭이는

네 모습 보며
나도 불끈 일어선다

—「소나무」 전문

팔 벌려 서 있는
허수아비 팔이
참새들의 쉼터가 되었네

—「허수아비」 일부

소나무가 암벽에 매달린 것일 수도 있고, 암벽이 소나무를 붙들었을 수도 있다. 말하자면 운명을 내 맘대로 예측하는 것이 아니라 '삶의 터 불평 않고' 오늘을 최선을 다해 사는 것이다. 참새를 쫓자고 태어났지만 오히려 참새의 놀이터가 된 허수아비처럼 내 삶이 전혀 엉뚱한 방향으로 와 있더라도 호들갑떨거나 두려워하지 않는 당당한 삶이기도 하다.

이러한 시인의 운명론은 자유와 통하고 있다.

바스락거리며 가는 뒷모습이
바람처럼 자유롭네

—「낙엽」 일부

말하자면 그의 운명론은 바람처럼 자유롭고 싶다는 의지의

변형이다. 삶의 무게를 견뎌내기보다는, 바람이 불어와서 불어가듯이 자연스러운 것이 아니냐며 받아들인다. 그런데 그게 자학적이거나 자포자기가 아니라 당당하게 살아가는 방법이 되고 있다. 그에게는 항상 웃음이 있고, 긍정이 있고, 여유가 있다. 막힌 데가 없이 불어가는 바람처럼 자유로움이 있다.

5

박건양 시인의 시작詩作하는 모습은 그의 행동처럼 자유롭다. 큰 깊이는 없으나 삶 그 자체를 시처럼 생각하는 순수함이 아침 이슬처럼 맑다. 한 방울의 이슬을 맺기 위하여 그의 자유로움은 밤을 지새운다. 행동은 바람처럼 자유스럽지만 한 편의 시를 얻기 위해 갈망하는 영혼은 집중에서 벗어나지 않고 있다.

어둠 속 빛을 찾는 길 잃은 나그네
떠돌다, 떠돌다 지쳐버린 밤

눈을 감아도 눈을 떠보아도 보이는 것은
깜깜한 허공을 날아다니는 허상

깜빡깜빡 수면의 시간에도 벽돌을
쌓았다 허물기를 반복하는 밤

헤매다 헤매다 돌아앉아
한 편의 시를 찾아가는 밤

―「길 찾는 밤」 전문

박건양 시인의 개구쟁이 같은 표정과 유머 넘치는 삶의 이면에는 이처럼 한 편의 시를 찾아가는 외롭고 지친 밤이 있다. 그래서 그는 모든 삶에서 아침 이슬을 만들어내는 것이다. 아무 걱정 없을 것 같은 바람처럼 자유로운 그의 포장을 벗겨보면 진한 그리움도 짙게 깔려있다.

텅 빈 가슴 속 호수 생기면
작은 섬 하나 안개 속에 있네
보일 듯 말 듯 희미한 얼굴
반가움에 마음은 달려가지만
작은 섬 노 저어갈 배가 없네

―「그리움」 전문

그는 가끔 그리운 사람들을 말한다. 옛날을 말한다. 먼저 간 친구들을 말한다. 그도 역시 '작은 섬 노 저어갈 배가 없어' 안타까워하는 남모르는 아픔도 갖고 있다.

세상에 태어나서
타향 길에 만난 친구여
다툼도 오해도
술 한 잔으로 털어냈지
언제까지 함께하며
술과 인생 즐기자더니
먼저 간다고 먼저 간다고
무엇이 급하기에
먼저 가느냐고 먼저 가느냐고
물어도 물어도
눈을 감았구나
그 길이 깨끗하던가, 훤히 밝기만 하던가
아니면 꽃길이던가 캄캄하기만 하던가
불러도 불러도
대답 없는 친구여
먼저 가면 안부라도 전하려느냐
세상 허물 벗지 못해
눈시울만 뜨겁구나
가야만 하는가 보내야만 하는가
운길산 사진 한 장

옛 추억만 그립구나

—「마지막 산행」 전문

박건양 시인은 먼저 하늘나라로 간 친구들을 그리워한다. 그러면서 먼저 가고 나중 가는 것 또한 운명이라고 말한다. 사는 날까지 허허허 웃으면서 바람처럼 자유로워지고 싶어한다. 그 자유로움 안에는 팔랑개비를 돌리는 봉처럼 삶의 중심을 잡고 있는 것이 있다. 그것이 바로 시작詩作하는 일이다.

너의 집에 가라 해도 안 간다고
못 간다고 우기는 녀석

오라 해도 눈치 보며 다 가는데
못 간다고 우기는 녀석

못 간다고 우기는 녀석

—「외손자」 일부

집에 가라고 쫓아내도 못 간다고 우기는 손자 녀석이 있어 행복한 시인이다. 빈 몸으로 왔다가 옷 한 벌은 입고 가니 다행이지 않느냐고 자족하는 시인이다.

돌아보는 여유부리나
인생무상 성적표라
옷 한 벌은 입고 가니
빈털터리는 아니로세

—「옷 한 벌은 입고 간다」 일부

뭐니 뭐니 해도 시를 쓸 수 있어 다행이고, 시로 삶을 풀어낼 수 있으니 행복하다는 박건양 시인의 다음 시에는 '시집 한 권 펴냈으니/빈 영혼은 아니로세' 하고 자족하는 노래가 나올 법하다. 시작詩作하는 모습이 아름다운 시인이 가는 『바람의 길』에 한없는 우정을 보낸다.

박건양 시집_ 바람의 길

초판 인쇄 | 2015년 11월 15일
초판 발행 | 2015년 11월 20일

—

지 은 이 | 박건양
회　　장 | 서정환
발 행 인 | 정종명
편집주간 | 차윤옥

—

펴낸곳 | 도서출판 계간문예
주소 | 03131 서울 종로구 삼일대로 32길 36 운현신화타워 305호
편집부 | 03132 서울 종로구 삼일대로 30길 21 종로오피스텔 808호
전화 | 02-3675-5633, 070-8806-4052
팩스 | 02-766-4052
이메일 | munin5633@naver.com
등록 | 2005년 3월 9일 제300-2005-34호
ISBN 978-89-6554-132-5 04810
ISBN 978-89-6554-118-9 (세트)

—

값 10,000원

—

잘못 만들어진 책은 바꾸어 드립니다.